AF603148

DE

L'INTERDICTION

CONSIDÉRÉE

COMME CAUSE DE SÉPARATION DE BIENS JUDICIAIRE

PAR

DANIEL DE FOLLEVILLE,

AVOCAT A LA COUR IMPÉRIALE

PROFESSEUR AGRÉGÉ, CHARGÉ D'UN COURS DE CODE NAPOLÉON, A LA FACULTÉ DE DROIT DE DOUAI

Extrait de la Revue critique de Législation et de Jurisprudence.

PARIS

COTILLON ET FILS, ÉDITEURS,
LIBRAIRES DU CONSEIL D'ÉTAT,
24, rue Soufflot, 24.

ERNEST THORIN,
LIBRAIRE,
7, rue de Médicis, 7.

1870

DE L'INTERDICTION

CONSIDÉRÉE

COMME CAUSE DE SÉPARATION DE BIENS JUDICIAIRE.

?03. — Paris. — Imprimerie Cusset et Ce, 26, rue Racine.

DE

L'INTERDICTION

CONSIDÉRÉE

COMME CAUSE DE SÉPARATION DE BIENS JUDICIAIRE

PAR

Daniel de FOLLEVILLE,

AVOCAT A LA COUR IMPÉRIALE
PROFESSEUR AGRÉGÉ, CHARGÉ D'UN COURS DE CODE NAPOLÉON, A LA FACULTÉ DE DROIT DE DOUAI

Extrait de la REVUE CRITIQUE DE LÉGISLATION ET DE JURISPRUDENCE.

PARIS

COTILLON ET FILS, ÉDITEURS,	ERNEST THORIN,
LIBRAIRES DU CONSEIL D'ÉTAT,	LIBRAIRE,
24, rue Soufflot, 24.	7, rue de Médicis, 7.

1870

DE L'INTERDICTION

CONSIDÉRÉE

COMME CAUSE DE SÉPARATION DE BIENS JUDICIAIRE.

SOMMAIRE.

1. Exposition de la difficulté. — 2. État de la jurisprudence sur la question. — 3. Suite. — 4. Dissidences entre les auteurs. — 5. Division. — 6. L'interdiction *judiciaire* du mari est-elle une cause de séparation de biens? — Premier système généralement suivi. — 7. Adoption d'un second système. — 8. L'interdiction *légale* du mari est-elle une cause de séparation de biens au profit de la femme? — Première opinion. — 9. Adoption d'une seconde opinion.

1. La question de savoir si la femme mariée peut, quel que soit d'ailleurs le régime matrimonial[1] par elle adopté, fonder une demande judiciaire en séparation de biens sur l'interdiction prononcée contre son mari, a soulevé, particulièrement dans ces dernières années, la plus vive controverse. La difficulté s'est présentée à l'examen des tribunaux, sous les formes les plus variées : tantôt, en effet, la tutelle avait été confiée à un tiers, tantôt la femme elle-même avait été, par application de l'article 507 du Code Napoléon, investie de cette délicate mission.

2. La Cour de Lyon, par un arrêt du 11 novembre 1869[2],

[1] Comp. MM. Rodière et Pont, *Traité du contrat de mariage*, nouvelle édition de 1869, t. III, n° 2092.

[2] Voyez aussi un arrêt plus ancien de la Cour de Lyon, rendu à la date du 20 juin 1845 (Dev. 1846, 2, 353); à cette époque, la Cour, moins absolue dans ses convictions sur la question qui nous occupe, écartait l'inter-

rapporté [1] dans la plus récente livraison du recueil Sirey (1870-2-3), vient de décider que l'interdiction du mari *n'est pas*, à elle seule, une cause suffisante de séparation de biens, alors même que la tutelle aurait été confiée à un tiers et non à la femme. La même solution avait déjà été consacrée, dans les termes les plus absolus, par le tribunal de Lyon (jugement du 15 janvier 1868, D. P. 1868-3-31), par le tribunal de Reims (jugement du 8 février 1861; Dev. 1861-2-145), et par la Cour de Nîmes (arrêt du 3 avril 1832, Dev. 1832-2-428).

3. Une seule décision judiciaire, au moins à notre connaissance, a considéré l'interdiction du mari comme une juste cause de demande en séparation de biens, et cela dans une espèce où la femme n'avait pas été nommée tutrice : nous voulons parler d'un jugement du tribunal civil de la Seine, rendu à la date du 18 mars 1868 (D. P. 1868-3-23; Dev. 1868-2-121).

4. Les auteurs ne sont pas moins divisés sur cette importante difficulté. Pourtant, sous l'empire de notre ancienne jurisprudence française, les jurisconsultes les plus autorisés étaient unanimes à reconnaître que l'état de démence du mari pouvait permettre à la femme de solliciter sa séparation de biens : « La femme, dit Renusson (*Traité de la communauté*, 1re partie, chap. IX, n° 4; voyez également les nos 56-59), peut aussi demander la séparation de biens quand son mari est imbécile, dépourvu d'entendement et incapable d'administrer son bien ; il est juste que la femme en prenne l'administration quand son mari n'en est pas capable. » De même, Pothier, dans son *Traité de la communauté*, n° 509, déclare que l'état de fureur ou de démence, dans le mari, « peut être pour la femme une cause de demander la séparation. » (Voy. aussi Lebrun, *Traité de la communauté*, liv. III, chap. I,

diction du mari comme cause de séparation de biens, toutes les fois que *la femme elle-même avait été nommée tutrice*. Mais la Cour de Lyon admettait la demande pour *l'hypothèse où la tutelle du mari interdit auroit été déférée à un tiers* chargé, par suite, de l'administration de la dot de la femme. Il est bon toutefois d'ajouter qu'*en fait*, l'administration du tuteur avait donné lieu à de graves sujets de plainte. Cet administrateur avait dissipé une partie des revenus de la dot qu'il avait ainsi détournée de sa destination naturelle. Un certain désordre dans les affaires s'était donc produit (art. 1443 C. Nap.).

[1] Voyez aussi D. P., 1870, 2, 69.

n°s 21 et 43, p. 325 et 332, et Roussilhe, *De la dot*, n°s 481 à 483. Depuis la promulgation du Code Napoléon, cette opinion a été adoptée par M. Chardon, *Puiss. marit.*, n° 311, et par M. Demangeat, *Revue pratique*, t. XI, p. 250. MM. Rodière et Pont, dans leur *Traité du contrat de mariage*, nouvelle édition publiée en 1869, t. III, n° 2105, résolvent la question en établissant une distinction entre l'interdiction *légale* et l'interdiction *judiciaire :* « L'état d'interdiction *légale*, qui enlève au mari l'administration de ses biens (art. 29 C. pén.), disent les savants auteurs, doit, comme la contumace, autoriser la femme à demander la séparation judiciaire, parce que, comme la contumace, l'interdiction légale a pour cause la faute du mari, dont la femme ne doit point souffrir. Il est d'ailleurs plus avantageux pour le mari que la femme s'en tienne à une simple demande en séparation de biens, puisqu'elle peut, dans les mêmes circonstances, demander la séparation de corps, qui entraîne nécessairement celle des biens (*C.b.n.*, art. 232, 306 et 311 C. Nap.). La question offre plus de doute lorsqu'il s'agit de l'*interdiction judiciaire* prononcée contre le mari pour cause d'affaiblissement de ses facultés. Roussilhe (t. II, n° 481) décidait autrefois dans le sens de l'affirmative. Sous le Code civil, un arrêt de la Cour de Nîmes, du 3 avril 1832 (Dev. 32-2-428), l'a résolue en sens inverse, et nous croyons, tout bien considéré, que c'est à bon droit, quoique nous eussions adopté l'opinion de Roussilhe dans notre première édition. Le malheur du mari (car nous supposons que son administration était restée bonne jusqu'au dérangement de ses facultés) ne doit pas, en bonne justice, pouvoir lui nuire, et l'espoir qu'on peut conserver souvent de le voir revenir à la santé, doit faire préférer le maintien d'une gestion commune, qui sera confiée à la femme si elle y paraît apte, puisque la femme peut être tutrice de son mari interdit (art. 507 C. Nap.), et qui, si la femme n'est pas apte, passera plus à propos, dans son propre intérêt, au tiers qui sera nommé tuteur. » (Comp. M. Dutruc, *Traité de la séparation de biens judiciaire*, chap. I, n°s 95 et 96.) Tous les autres auteurs modernes refusent à la femme d'une manière absolue (sans distinction aucune entre le cas où le mari est atteint par l'interdiction judiciaire et celui où il est frappé d'interdiction légale), le droit de demander la séparation de biens, et cela, dans le cas même où la tutelle du mari interdit ne lui aurait pas été confiée. Se prononcent notamment en ce sens MM. Aubry et Rau sur Zachariæ, t. IV, § 516, note 16 et 17, pag. 332, M. Demolombe, *Traité de la minorité*, t. VIII des œuvres complètes, n°s 614 à 615, et M. Bugnet sur Pothier, t. VII, p. 275, note 3. En présence de ces divergences, nous avons pensé qu'il pourrait ne point être inutile de soumettre la difficulté à un nouvel examen.

5. Nous étudierons la question en nous plaçant successivement au point de vue de l'interdiction *judiciaire* et au point de vue de l'interdiction *légale*.

§ 1er.

L'*interdiction judiciaire* du mari, fondée (art. 587 C. Nap.) sur son état habituel d'imbécillité, de démence ou de fureur, peut-elle motiver suffisamment une demande en séparation de biens de la part de la femme, soit que celle-ci ait été nommée tutrice, soit, au contraire, que la tutelle ait été confiée à un tiers ?

6. L'opinion négative, enseignée par la majorité des auteurs et consacrée par la plupart des décisions judiciaires, semble avoir été surtout appuyée sur les quatre considérations suivantes :

1° Au point de vue des textes, l'article 1441 du Code Napoléon ne comprend pas l'interdiction du mari au nombre des causes qui dissolvent la communauté conjugale. D'autre part, aux termes de l'article 1443 du même Code, la séparation de biens ne peut être poursuivie en justice par la femme qu'autant que sa *dot* est mise *en péril* et lorsque *le désordre des affaires du mari* donne lieu de craindre que ses biens ne soient bientôt plus suffisants pour remplir les droits et reprises de la femme : or, l'état d'interdiction est un indice de trouble dans l'intelligence et non point de désordre dans les affaires ; le mari le plus opulent peut être frappé de cette infortune dont l'atteinte constitue une maladie, un malheur de famille, mais point une faute : donc le texte de la loi ne permet pas d'accueillir, en pareille occurrence, la demande en séparation de biens formée par la femme.

2° Au point de vue des principes, l'état d'interdiction est essentiellement temporaire et provisoire : la mainlevée peut toujours en être obtenue lorsque l'infirmité passagère, qui l'avait motivée, vient à cesser. Eh bien ! dit-on, il ne serait pas juste d'ajouter au malheur du mari, en brisant définitivement les liens d'une communauté jusque-là loyalement administrée et dont il peut être bientôt appelé à reprendre la direction. Il ne faut pas non plus oublier que l'interdiction du mari peut, aux termes de l'article 490, être provoquée par la femme elle-même; la femme peut aussi, d'après l'article 32 de la loi sur les aliénés du 30 juin 1838, demander la séquestration de son mari atteint de démence, et la nomination d'un administrateur provisoire : or, ne serait-il pas périlleux de laisser entrevoir à la femme, au bout de ces sortes d'actions, l'éventualité du recouvrement de son indépendance par l'obtention de la séparation de biens suivie de la restitution immédiate de sa dot (art. 1444, 1448, 1449)? N'y aurait-il pas là une cause périlleuse de tentation et un moyen indirect, (surtout avec les facilités excessives de notre législation actuelle[1]), offert à la femme de forcer la main à la justice et d'arriver par une voie détournée, mais sûre, à obtenir une espèce de séparation volontaire contrairement à la prohibition formelle de l'article 1443, dernier alinéa?

3° Si l'on objecte à cette théorie la disposition de l'article 1865 du Code Napoléon, qui, dans son n° 4, admet l'interdiction au nombre des causes de dissolution du contrat de société, les partisans de la doctrine actuellement triomphante répondent que l'analogie n'existe point ici. Sans doute, disent-ils, dans les sociétés ordinaires, dont l'existence demeure toujours subordonnée à la permanence de la volonté des contractants (art. 1865, n° 5), et même, dans certains cas, au maintien de l'adhésion d'un seul des associés, le législateur devait être logiquement amené à considérer l'interdiction comme portant atteinte au pacte social par la suppression d'une volonté essentielle au fonctionnement régulier de

[1] Voir les savantes critiques dirigées contre la loi du 30 juin 1838, par M. Huc, professeur à la Faculté de droit de Toulouse, dans une brochure récemment publiée sous ce titre : *Des aliénés et de leur capacité civile. Projet de réforme de la loi du 30 juin 1838.*

l'association; et telle est, en effet, la solution consacrée par l'article 1865. Dans l'association conjugale, au contraire, l'immutabilité du contrat pécuniaire de mariage est un principe indéfectible et absolu; le consentement des parties n'est appelé à intervenir qu'au moment de l'engagement primordial; ce consentement doit être constaté dans un acte notarié (art. 1394), afin que la présence d'un officier public assure à la fois la sincérité et la perpétuité des conventions souscrites. Après le mariage une fois célébré devant l'officier de l'état civil, aucun changement ne peut plus être, sous aucun prétexte, apporté au contrat (art. 1395), même avec le concours simultané des deux époux et de tous ceux qui avaient figuré à l'acte originaire. Il est d'ailleurs facile de comprendre la raison de cette rigueur de nos lois : dans les jours qui précèdent la célébration de l'union civile, il y a, de part et d'autre, indépendance et liberté. Mais ensuite les situations respectives changent singulièrement : du côté du mari, se trouvent légalement (art. 212 et 213), l'autorité et la force; du côté de la femme, la faiblesse et la soumission. Permettre, dans de semblables circonstances, aux époux de modifier après coup leurs conventions matrimoniales, c'eût été ouvrir la carrière aux obsessions, aux violences peut-être; c'eût été exposer gravement la paix du ménage et la bonne harmonie des conjoints. En tout cas, les époux eussent pu trop facilement, à l'aide d'un remaniement rétrospectif de leurs conventions, éluder les sages dispositions des articles 1096 et 1097, en se faisant mutuellement des libéralités à la fois indirectes et irrévocables. Sans doute, en présence de certains excès, de certains désordres ou de certains malheurs, la femme ne reste pas désarmée; la loi se souvient avec à-propos du vrai rôle de l'épouse qui doit être l'associée du mari et qui a le droit de trouver au foyer domestique l'honneur et la dignité : les efforts communs des deux conjoints doivent toujours converger vers un même but, à savoir le maintien du bien-être au sein de la famille et la préparation de l'avenir des enfants. Aussi le mari, dissipateur et prodigue, dont les spéculations malheureuses peuvent amener la ruine du ménage, trouve-t-il un frein dans l'intervention légitime de la justice et dans le remède extrême de la séparation de biens offert à la femme par l'article 1443, lorsque les parties trop confiantes ont omis de prendre leurs précautions à l'origine, dans le contrat de mariage. Mais ce bénéfice de la séparation de biens est subordonné à la démonstration victorieuse, rapportée par la femme, du péril que court sa dot, et du désordre des affaires du mari. Ce sont là les seules causes de séparation, et il n'est pas possible de transporter dans cette matière l'article 1865 pour le combiner avec les articles 1441 et 1443.

4° Au point de vue des nécessités pratiques, de deux choses l'une : — ou la femme inspirera au conseil de famille et au tribunal une sérieuse confiance, et alors elle sera elle-même chargée, par application de l'article 507 du Code Napoléon, de la tutelle de son mari interdit : dans ce premier cas, que réclame-t-elle davantage? Est-ce qu'elle n'a pas la jouissance complète des biens? Est-ce qu'elle n'administre pas au gré de ses convenances? Quel pourrait être son but si elle formait une demande en séparation de biens, sinon de se procurer de dangereux pouvoirs de disposition et d'aliénation (art. 1449)? — Ou bien la femme n'a pas été considérée, en fait, comme suffisamment expérimentée pour être investie de la tutelle de son mari frappé d'interdiction, et cette tutelle a été déférée à un tiers : sans doute, dans ce second cas, l'interdiction du mari, suivie de la nomination d'un tuteur étranger, crée pour la femme une situation imprévue et gênante; mais, *en droit* d'abord, cette circonstance ne saurait autoriser le juge à suppléer au silence de la loi et à y introduire une nouvelle cause de rupture de l'association conjugale; ensuite, *au point de vue pratique*, si, eu égard aux circonstances de la cause, la femme n'a pas été considérée comme présentant les garanties nécessaires à l'effet d'être nommée tutrice de son mari atteint d'imbécillité, de démence ou de fureur, mission dans l'accomplissement de laquelle elle aurait cependant été soumise au contrôle incessant du conseil de famille et souvent à l'homologation de la justice (art. 450, 457 et suiv.), comment peut-on lui accorder la plénitude des pouvoirs en lui restituant avec la dot une indépendance et une liberté relativement bien plus considérables? (Comp. art. 215, 218, 222 et suiv.) Elle n'est pas, à tout prendre, dans une position aussi fâcheuse qu'elle le prétend; car elle peut exiger, soit du tuteur quand l'interdiction est prononcée, soit de l'administrateur provisoire, quand le mari est simplement placé dans un établissement d'aliénés, l'allocation, sur les revenus communs, de toutes les sommes nécessaires à ses besoins et à son entretien.

Par tous ces motifs, on arrive à décider que l'interdiction judiciaire du mari ne suffit pas, (non plus que sa séquestration dans une maison d'aliénés), pour autoriser de la part de la femme une demande en séparation de biens et pour priver ainsi le mari, très-solvable peut-être, des droits qui lui ont été conférés par son contrat de mariage. Ce qui est vrai seulement, c'est que si, en outre, la dot était en péril, ou si le tuteur nommé au mari interdit l'administrait mal, la femme pourrait, en vertu de l'article 1443, demander sa séparation de biens, et alors l'interdiction du mari deviendrait un élément accessoire susceptible d'être pris en sérieuse considération par les tribunaux, à l'effet d'accueillir la réclamation de la femme.

7. Cette argumentation, fort spécieuse assurément, ne nous a point convaincu et nous pensons, au contraire, que l'interdiction *judiciaire* [1] du mari est, à elle seule, une cause suffisante de séparation de biens, non-seulement dans l'hypothèse où la tutelle aurait été confiée à un tiers, mais encore dans le cas où la femme aurait été personnellement investie de cette importante fonction.

Cette doctrine est conforme à la tradition historique; elle est en harmonie avec les principes fondamentaux qui régissent le contrat de société; elle nous paraît n'être point en désaccord soit avec le texte, soit avec l'esprit de l'article 1443, lequel énumère les causes de séparation de biens; elle peut être, en outre, fortement appuyée sur le caractère du mandat marital, que la séparation a pour but de révoquer; enfin elle est favorable à l'intérêt sainement entendu de la famille et par là même à l'intérêt général et collectif de la société.

1° La *tradition historique* d'abord constitue en notre faveur un précédent d'autant plus digne d'être pris en considération

[1] Nous admettons la même solution pour le cas d'interdiction *légale* du mari, par *à fortiori*. (Voy. *infra*, n° 9).

que le Code Napoléon, en imposant, dans l'article 1443, comme conditions de la séparation de biens judiciaire, le *péril de la dot* et les craintes justifiées, à cet égard, par le *désordre des affaires du mari*, n'a fait que proclamer des principes déjà connus sous l'ancien droit : or, nous avons constaté, (plus haut, nº 4), au début de cette étude, l'accord unanime avec lequel nos vieux auteurs admettaient la démence du mari au nombre des *périls* donnant ouverture à la séparation : il suffit, dit Pothier aux nºs 509 et 510 de son *Traité de la communauté*, « que le mari *commence* à devenir insolvable et que le *mauvais train que prennent ses affaires*, donne lieu de craindre qu'il ne le devienne de plus en plus......... L'état de fureur ou même de démence de l'un ou de l'autre des conjoints ne dissout pas la communauté, au moins de *plein droit* : cet état, dans le mari, peut seulement être pour la femme une *cause de demander la séparation*[1]. »

2° Cette solution, admise par nos anciens auteurs, est encore aujourd'hui en parfaite harmonie avec les *principes essentiels du contrat de société*. En effet, aux termes de l'article 1865 nº 4, l'interdiction de l'un des associés est une cause de dissolution des sociétés civiles : or la loi elle-même prend soin de déclarer, dans l'article 1837, que la communauté d'intérêts, constituée entre époux, est une espèce de société : donc il faut appliquer à l'association conjugale les règles ordinaires du contrat réglementé par les articles 1832 à 1873 du Code civil, à moins qu'un texte d'exception ne puisse être produit.

On objecte que l'article 1441, limitatif d'ailleurs dans ses termes, ne comprend pas l'interdiction du mari au nombre des causes de dissolution de la communauté. Nous répondons qu'il est facile d'expliquer ce silence de la loi. En effet, il est certain que le jugement qui prononce l'interdiction du mari n'emporte pas *de plein droit* la dissolution de la communauté ;

[1] La femme, sous l'empire de notre ancienne jurisprudence française, pouvait intenter contre son mari la demande en séparation de biens, pour les mêmes causes pour lesquelles, d'après le droit romain, la femme pouvait demander durant le mariage la restitution de sa dot. (Voy. la loi 24, Dig., liv. 24, tit. 3, *Soluto matrimonio, dos quemadmodum petatur* et, la novelle 97, chap. VI, de Justinien.— Comp. Pothier, *Traité de la communauté*, nºs 510-514, et d'Argentré, *Sur la coutume de Bretagne*, 433.)

nous prétendons seulement qu'il fournit la preuve de l'existence d'un état de *désordre* suffisant pour permettre à la femme de provoquer en justice cette dissolution. De plus, la décision des tribunaux, en la supposant favorable, aboutira précisément à substituer le régime de la séparation de biens judiciaire à la communauté, ou au régime dotal, ou au régime exclusif de communauté [1], en un mot à l'organisation primitivement adoptée par les époux. L'article 1441 n'avait donc pas besoin de mentionner à part, et d'une manière distincte, l'interdiction du mari, puisque cette interdiction ne dissout pas, *par elle-même*, le régime matrimonial originairement stipulé, mais qu'elle a seulement pour effet de permettre à la femme de faire prononcer la séparation de biens (art. 1443 et suiv.).

Il y a plus : c'est, par voie d'argument *à fortiori*, que nous sommes amené à appliquer l'article 1865, n° 4, aux différentes associations conjugales, pour le cas de démence ou d'interdiction du mari. Quel est, en effet, le fondement juridique de cet article 1865 ? Nous en rencontrons la base dans cette pensée éminemment juste du législateur que, dans toute société, la considération des personnes, de leur capacité, de leur aptitude, de leur expérience, est un des éléments essentiels du contrat. En conséquence, le Code Napoléon

[1] L'article 1443, bien qu'il soit placé au chapitre de la communauté, s'applique aussi au régime dotal: l'article 1563 le déclare expressément. Nous croyons également qu'il faut l'étendre au régime simplement exclusif de communauté, par identité de motifs. Les discussions qui eurent lieu au Conseil d'État ne laissent d'ailleurs aucun doute sur ce point. M. Barbier déclara formellement que, *partout où il y aurait une dot*, la gestion devait être retirée au mari qui aurait mal administré (*Locré*, *Lég.* civ., t. XIII, p. 198). Mais nous ne pensons pas que l'art. 1443 puisse être appliqué au cas de séparation contractuelle. A quoi bon, en effet, autoriser une instance souvent longue et dispendieuse pour arriver à un résultat déjà obtenu à l'avance? (Comp. MM. Rodière et Pont, t. III, n°s 2091 et 2092.) Sans doute, la femme pourrait vouloir être séparée *judiciairement* afin d'arriver à une proportion plus équitable dans la répartition des charges du ménage (Comp. les art. 1448, 1537 et 1575.) Mais ne serait-il pas à la fois immoral et peu juridique de lui permettre ainsi de dévoiler le dérangement des affaires de son mari pour atteindre un résultat d'une importance vraiment minime et avec le seul but d'ajouter, dans une mesure très-faible, à son indépendance? (Voyez d'ailleurs l'art. 1577; les principes du mandat permettront à la femme de trouver une protection suffisante.)

n'admet pas que l'intervention du tuteur de l'interdit puisse être imposée aux associés de celui-ci pour la continuation des opérations communes. Est-ce que le même raisonnement ne peut pas être fait, à plus forte raison, en ce qui concerne l'association entre époux? Si l'incapacité légale de l'un des associés, résultant de son interdiction, est une cause de dissolution des sociétés civiles ordinaires, même dans le cas où l'associé qui est interdit avait les mains liées par le pacte primitif et ne pouvait faire aucun acte d'administration sans l'adhésion de ses coassociés ou en présence de leur opposition, ne faut-il pas *à fortiori* considérer l'interdiction du mari comme une cause au moins de séparation de biens, alors que ce mari, associé-gérant dans le mariage, a des pouvoirs d'administration presque sans limites, dont il peut user librement sans avoir jamais à craindre le *veto* de sa femme? Est-ce que l'égarement intellectuel du mari n'est pas, dans l'intérieur du ménage et au point de vue des intérêts si respectables de la famille, une cause de perturbation mille fois plus grave que dans les associations ordinaires? Et cependant nous nous bornons à demander que son interdiction soit considérée, non pas comme une cause de dissolution de la communauté, opérant *ipso jure*, mais simplement comme la démonstration péremptoire d'un *péril* imminent pour l'avenir de la femme et des enfants, péril dont les tribunaux pourront être constitués les juges par application de l'article 1443. Notre prétention n'est certes pas excessive.

3° Nous soutenons, d'ailleurs, (et c'est là notre troisième argument), que nous nous trouvons parfaitement ici dans les termes de la loi : « La séparation de biens, dit l'article 1443, ne peut être poursuivie qu'en justice, par la femme dont *la dot* est mise *en péril*, et lorsque le *désordre des affaires du mari* donne lieu de craindre que les biens de celui-ci ne soient point suffisants pour remplir les droits et reprises de la femme. » Or est-ce que l'arrêt, est-ce que le jugement qui frappe d'interdiction le mari, ou qui ordonne sa séquestration dans une maison d'aliénés, n'emporte pas invinciblement l'idée que ce mari est désormais incapable d'administrer convenablement, et que l'on peut redouter de sa part des actes déraisonnables, aussi préjudiciables à ses propres intérêts qu'aux intérêts communs? En dernière analyse, si la dot est en péril, c'est évidemment surtout lorsque l'époux gérant est dans un état habituel d'imbécillité, de démence ou de fureur, constaté par la justice [1]. Donc l'article 1443 trouve dès lors son application naturelle.

Il ne faut point oublier, d'ailleurs, que le législateur n'a point voulu et qu'il ne pouvait pas, en présence des difficultés pratiques de toute sorte [2] et de toute nuance qui se présentent chaque jour, indiquer limitativement de quelles circonstances devrait naître le *péril*, par quels faits devraient être justifiées les craintes que pourrait inspirer l'administration du mari, soit au point de vue de la conservation du capital social, soit au point de vue de l'emploi des revenus provenant de l'exploitation de la dot ou même des biens communs. Aussi les textes du Code Napoléon (art. 1443 et suiv.), se bornent-ils à proclamer un ensemble de principes fondamentaux déjà admis sous l'empire de notre ancienne jurisprudence, et susceptibles de servir de guide aux tribunaux chargés d'en appliquer les conséquences virtuelles et nécessaires aux différentes espèces. Les juges n'ont, au fond, qu'une question à se poser; c'est celle-ci: la dot de la femme est-elle en danger d'être perdue? Les intérêts sont-ils compromis ou sur le point de l'être gravement? Si oui, la

[1] M. Demangeat, *Revue pratique*, t. XI, p. 252, ajoute une observation fort judicieuse: « Le texte même de l'article 1443, joint à l'article 1445 *in fine* dit l'éminent jurisconsulte, conduit certainement à dire que si, le mari étant déjà en démence et compromettant la dot de sa femme par une administration désordonnée, la séparation de biens était demandée avant que le tribunal ne fût saisi de la demande en interdiction, la séparation devrait être prononcée: or, on conviendra qu'il y a quelque chose de bizarre à subordonner la dissolution de la communauté à la circonstance que la demande en séparation est antérieure ou postérieure à la demande en interdiction. »

[2] Les rédacteurs du Code Napoléon ont, à bon droit, tenu compte ici de ce proverbe si vrai : « *Sæpissime modica differentia facti maximam inducit juris diversitatem.* » Les séparations de biens, dit Lebrun (*communauté, première* partie, chap. IX, n° 4), « sont ordinairement accompagnées de beaucoup d'équité ou de beaucoup d'injustice, ce qui dépend des circonstances; on les doit quelquefois accorder pour l'intérêt du sexe et pour celui de toute une famille à qui la séparation de la mère est une ressource; quelquefois encore on les doit refuser pour la gloire du sexe, qui ne doit pas venir aux dernières extrémités pour quelques pertes que cause la mauvaise fortune. »

demande en séparation de biens doit être accueillie; si non, elle doit être repoussée sans aucun scrupule.

Toutefois la doctrine et la jurisprudence s'accordent à reconnaître (et c'est à bon droit), que le péril dont parle l'article 1443, ne doit pas s'entendre seulement d'un péril immédiat, menaçant directement les biens présents de la femme, ni, à plus forte raison, d'une ruine consommée : il n'est pas indispensable que la catastrophe soit imminente; il suffit que le mauvais état des affaires du mari soit démontré tel que la dot ou les reprises *éventuelles* de sa femme puissent ultérieurement être compromises, et cette preuve résultera suffisamment de ce que des poursuites nombreuses sont dirigées contre le mari pour des sommes relativement importantes et de ce que ses biens ont été vendus sur saisie ou sont sur le point de l'être : mieux vaut prévenir le mal que d'avoir à le réparer[1]. (Comp. Rouen, 30 août 1856, D. P., 1857, 2, 99.) La Cour de Bordeaux, par un arrêt remarquable de 1er mai 1848 (D. P., 1848, 2, 192), a même accueilli une demande anticipée en séparation de biens formée par une femme dont la *dot n'avait pas encore été remise entre les mains du mari*[2], parce que les dettes

[1] Il est cependant digne de remarque que les rédacteurs du Code civil supposent toujours chez la femme qui a demandé sa séparation de biens, l'intention de renoncer à une communauté réputée mauvaise et insolvable. C'est ainsi qu'aux termes de l'article 1563, la femme, séparée de corps (et par suite également séparée de biens en vertu de l'art. 311), qui n'a point, dans les trois mois et quarante jours après la séparation définitivement prononcée, accepté la communauté, est censée y avoir renoncé. Or la présomption de la loi est toute contraire quand c'est par la mort du mari que la comunauté s'est dissoute : voyez les articles 1456 et 1459. (Comp. Renusson, 1er part. chap. XI, n° 60.)

[2] La femme, qui aurait épousé un mari sans fortune et déjà insolvable au moment de la célébration du mariage, serait-elle ensuite recevable à demander sa séparation de biens? — Nous ne le pensons pas, pourvu toutefois que les deux circonstances suivantes soient réunies : d'une part, que l'insolvabilité du mari fût parfaitement connue de la femme lorqu'elle s'est mariée, et d'autre part, qu'aucune aggravation de cette insolvabilité ne soit survenue depuis le mariage. La femme devrait alors subir les conséquences d'une situation qu'elle aurait volontairement acceptée ; elle ne pourrait invoquer ni le texte ni l'esprit de l'article 1443; car ce ne serait pas la mauvaise administration du mari qui aurait mis sa dot en péril. Comp. Cass. 2 juillet 1851 (D. P., 1851, 1, 272). Mais la moindre aggravation survenue depuis le mariage, suffirait certainement à faire prendre en sérieuse considération la demande de la femme.

considérables contractées par celui-ci paraissaient de nature à faire craindre que les revenus de la dot, si on la livrait, ne fûssent en grande partie détournés de leurs destination, l'entretien du ménage commun. (Comp. Riom, 29 août 1848; (Dev. 1849, 2, 526; Montpellier 20 janvier 1852; Dev. 1852, 2, 358; Grenoble 16 mars 1855, Dev. 1855, 2, 588; Cassation, 17 mars 1847, Dev. 1847, 1, 421). La dot peut être mise en péril, soit par les écarts de conduite, soit par l'administration inconsidérée du mari, soit enfin par des accidents ou des revers inopinés qu'une prudence ordinaire ne pouvait pas prévenir. Dans tous ces cas, la séparation de biens peut être également prononcée pour sauvegarder les intérêts légitimes de la femme : toutefois les juges ont aussi la faculté (par appréciation de l'importance ou de l'origine des dettes contractées par le mari, et en tenant compte des autres circonstances de la cause) d'écarter la demande en séparation de biens formée par la femme, s'ils sont convaincus que les pertes faites seront promptement et facilement réparées. Comp. Cassation, 15 juillet 1867 (D. P., 1867, 1, 321); Cassation, 14 novembre 1864 (D. P., 1865, 1, 223); Lyon, 11 juin 1853 (D. P., 1853, 2, 216); Paris, 19 mars 1863 (D. P., 1863, 2, 82). Il y a incontestablement, de la part du mari, mauvaise administration pouvant donner ouverture à une action en séparation de biens, lorsque le *fonds* ou le *capital*, composant la dot, a été compromis, ou bien se trouve sur le point de l'être par des spéculations hasardeuses. Mais la jurisprudence a été encore plus loin et elle a décidé qu'il pourrait y avoir péril, au point de vue de l'application de l'article 1443, dans le fait d'un mari qui, sans toucher d'ailleurs au capital de la dot, se contenterait de détourner les *fruits* et les *revenus* de l'entretien de la famille, pour les employer, soit en dissipations, soit en spéculations imprudentes, soit en délégations excessives et pour plusieurs années dans l'avenir, au profit de créanciers personnels. Comp. Riom, 19 août 1848 (D. P., 1850, 2, 16); Orléans, 7 août 1845 (D. P., 1846, 2, 115); Montpellier, 20 janvier 1852 (D. P., 1852, 2, 170 et 171). Cette interprétation nous paraît, du reste, parfaitement exacte : les fruits et les revenus constituent, en effet, une partie intégrante de dot; le mari doit les appliquer aux besoins de la famille, et la femme est en droit de se plaindre s'il agit autrement. Il suffit, pour que le désordre et les malheurs des affaires maritales deviennent une cause de séparation de biens, que ces revers soient postérieurs au mariage [1]. Jusqu'ici, nous avons constamment supposé, avec l'article 1443 pris dans ses termes rigoureux, que la femme avait apporté une *dot* à son mari, et que, par suite, elle avait des reprises à exercer. Mais cette circonstance n'est pas indispensable. En admettant même que la femme n'eût, en se mariant, aucune fortune propre, et que, depuis la célébration de l'union conjugale, elle n'ait non plus rien recueilli qui puisse lui constituer un

[1] Supposons l'hypothèse suivante : Primus se marie avec Prima, laquelle adopte expressément le régime dotal et soumet ses biens meubles et immeubles à la règle de l'inaliénabilité (art. 1392, 1541, 1554). Seulement le mari, par le contrat de mariage, est autorisé, en obtenant préalablement le consentement de sa femme, à vendre l'un des immeubles dotaux, moyennant un emploi immédiat soit en d'autres immeubles, soit en rentes sur l'État immobilisées ; il est également obligé de faire emploi, de suite, de certaines valeurs mobilières et sommes stipulées dotales, qu'il est astreint à convertir en actions de la Banque de France. Le défaut de remploi ou d'emploi deviendrait-il une cause de séparation de biens au profit de la femme, en dehors, bien entendu, de toute dissipation du mari ? — La solution négative nous paraît, (en droit et sous la réserve des appréciations d'espèces), la meilleure. En effet, pour que l'article 1443 puisse être appliqué, il faut que la dot de la femme ait été déjà compromise, ou soit au moins, sur le point de subir quelque grave atteinte ; or, si le mari, ne faisant pas d'ailleurs emploi des sommes dotales, les *conserve* par devers lui et s'abstient de les dissiper, la femme ne peut pas soutenir sérieusement que sa dot soit mise en péril, ni qu'il y ait désordre dans les affaires de son mari : donc, en pareil cas, il n'y a pas lieu à séparation de biens. En vain la femme voudrait-elle se retrancher derrière les principes généraux, posés par les articles 1134, 1184 et 1188 du Code Napoléon. On l'arrêterait facilement en lui opposant la règle *specialia generalibus derogant ;* la séparation de biens est un remède exceptionnel, auquel on ne peut recourir qu'à la condition de fournir préalablement la démonstration victorieuse de l'existence des conditions requises par les articles 1443 et suivants. La Cour de Paris a cependant consacré la doctrine contraire par un arrêt du 28 juin 1853 (D. P., 1854, 2, 44 et 45) : la Cour a décidé que dans le cas où le contrat de mariage, contenant soumission au régime dotal, impose au mari l'obligation de faire emploi de certaines sommes, le seul défaut d'emploi autorise la femme à provoquer sa séparation de biens ; toutefois la Cour de Paris a en même temps ajouté, comme correctif de cette théorie radicale, qu'il y avait lieu, en pareil cas, lorque le mari en formait la demande, de lui impartir, préalablement à toute admission des prétentions de la femme, un délai pour satisfaire à son obligation d'emploi ou de remploi par application de l'article 1244 du Code Napoléon (Comp. Lebrun, *Traité de la communauté*, liv. 1, chap. V, n° 3, p. 68).

patrimoine individuel, il faudrait néanmoins accueillir sa demande en séparation de biens, si elle établissait l'existence d'un désordre sérieux dans les affaires et dans l'administration de son mari : la communauté peut, en effet, être encore assez prospère, et la femme a intérêt à s'assurer l'intégrité de la moitié qui doit lui revenir, si elle se porte ultérieurement acceptante (art. 1474). En tout cas, d'ailleurs, et sous tous les régimes, la femme industrieuse ne doit-elle pas se préoccuper de sauvegarder, pour l'avenir de la famille, les bénéfices provenant de son travail et de son talent? Ne peut-elle pas avoir la bonne chance de recevoir des donations ou des successions, de gagner le gros lot à la loterie, de découvrir un trésor, etc., etc.? Eh bien! ces simples espérances ou éventualités de fortune suffisent à faire accueillir la demande de la femme [1]. (Comp. toutefois MM. Aubry et Rau sur Zachariæ, t. IV, §§ 516, n° 2, notes 8 à 11). M. Marcadé, sur l'article 1443, n° 1, dit for-

[1] Le mari ne pourrait-il pas cependant échapper aux conséquences de la poursuite, en prouvant qu'il possède personnellement des biens suffisants pour garantir toutes les reprises éventuelles de sa femme, et même la restitution de sa dot, si une dot a été apportée, d'autant plus que la femme jouit d'une hypothèque légale, fort avantageuse dans ses conséquences, aux termes de l'article 2121? — La négative nous paraît certaine : nous pensons qu'en admettant même que les droits de la femme dussent être amplement sauvegardés dans l'avenir par son hypothèque légale, la séparation de biens n'en devrait pas moins être prononcée à son profit, en cas de désordre dans la gestion maritale. D'une part, en effet, il est à craindre que la mauvaise administration du mari ne vienne amoindrir et diminuer l'efficacité des garanties hypothécaires, accordées à la femme. D'autre part, à raison des dettes contractées par le mari, les revenus seraient probablement détournés pendant le mariage, de leur vraie destination, et affectés au payement des créanciers : or, la séparation de biens, obtenue par la femme, lui permettra précisément de conserver les fruits et les revenus, pour son entretien et pour celui de ses enfants. Est-ce que d'ailleurs la solution contraire à la nôtre ne présenterait pas de graves dangers? Ne pourrait-il pas arriver quelquefois, si cette solution venait à prévaloir, que le mari éprouvât la tentation de forcer son conjoint par des obsessions, ou même par des menaces, à renoncer à son hypothèque légale, ou à y subroger des tiers, ce qui laisserait la femme entièrement désarmée? Aussi nous adoptons sans réserves la doctrine consacrée par la Cour de cassation qui, par un arrêt du 27 avril 1847 (D. P., 1847, 1, 125), a justement décidé que la femme, dont le mari insolvable a dissipé la dot, peut obtenir sa séparation de biens, dans le cas même où la restitution de cette dot lui aurait été garantie au moyen d'une concession d'hypothèque sur les immeubles du père de son mari.

mellement : « Désordre d'affaires qui mette en péril l'avoir actuel ou même *éventuel* de la femme, telle est, en définitive, la cause qui permet de prononcer la séparation de biens [1]. » Or, si telle est la portée certaine de l'article 1443, interprété par la doctrine et par la jurisprudence, n'est-il pas vrai de dire avec nous que l'état de démence ou d'interdiction du mari, (quelle que soit du reste sa position de fortune, quelles qu'aient pu être ses qualités précieuses d'administrateur dans le passé), suffit par lui-même et par lui seul à inspirer les craintes [2] les mieux fondées, soit par rapport à la conservation des biens des deux époux, soit par rapport à la bonne distribution des revenus affectés par le vœu du législateur au soutien des charges de la vie commune? N'est-il pas exact d'affirmer avec la loi romaine (novelle 97, chap. VI) que le mari, privé désormais des dernières lueurs de l'intelligence, s'achemine fatalement vers la misère, *inchoat male substantia uti, vergit ad inopiam*? Eh quoi!!! son incapacité est assez avérée, son état mental assez gravement atteint, au vu et au su de tous, pour que ses parents se décident à lui faire enlever par la justice l'administration de ses propres biens, ce qui aboutit à le replonger, lui majeur et capable, dans les liens étroits de la tutelle et de la pupillarité ; et l'on voudrait refuser à la femme le droit d'invoquer ce même

[1] Pothier, sous l'empire de notre ancienne jurisprudence, admettait déjà cette solution ; l'excellent auteur s'exprime, en effet ainsi, au n° 512 de son *Traité de la communauté* : « Le péril de la dot de la femme étant le fondement ordinaire des demandes en séparation de biens, en doit-on conclure qu'une femme qui n'a apporté aucune dot à son mari, ne puisse jamais demander cette séparation ? — Non ; car une femme qui n'a apporté aucune dot peut avoir un talent qui lui en tienne lieu, comme lorsqu'elle est une habile couturière, une excellente brodeuse, etc. Si cette femme a un mari dissipateur, tous les gains qu'elle fait de son talent, entrant dans la communauté, ne servent qu'à fournir aux débauches de son mari, ou sont la proie des créanciers : la femme a donc intérêt à obtenir la séparation de biens pour se conserver à l'avenir les gains qu'elle peut faire de son talent. »

[2] Une femme pourrait-elle demander la *séparation de corps* pour cause d'excès commis sur sa personne par son mari sous l'influence d'un accès de folie furieuse ou de monomanie homicide? — Nous n'hésitons pas à répondre affirmativemement, en nous fondant sur les articles 231 et 306 combinés. (Comp. un intéressant article de M. Bournat, publié dans la *Revue pratique*, t. XI, p. 439 et suiv.)

péril si bien constaté, comme un titre à reprendre l'administration indépendante de sa fortune personnelle!!! Une pareille conclusion nous paraît manifestement inadmissible.

4° Il ne faut point perdre de vue, en effet, le *véritable caractère du mandat marital* dont la séparation de biens judiciaire entraîne la révocation par voie de conséquence. Est-ce un mandat purement légal, ainsi que l'a prétendu le tribunal de Reims dans son jugement du 8 février 1861 (Dev. 1861, 2, 145; D. P. 1867, 5, 388)? Non assurément. Si le mandat du mari, comme administrateur de la société conjugale, procède de la *loi* en ce qui touche la désignation officielle de *l'associé-gérant*, ce mandat découle aussi de la *volonté des parties* librement exprimée dans le contrat de mariage, en ce qui concerne l'étendue et les limites des pouvoirs conférés. Le Code Napoléon a surtout organisé quatre grands régimes matrimoniaux proposés à l'adhésion de ceux qui veulent se marier, savoir, la communauté légale ou conventionnelle, le régime exclusif de communauté, la séparation de biens et le régime dotal. Les futurs époux examinent et choisissent le système qui convient le mieux à leurs aptitudes respectives et la femme, assistée par ses parents, est appelée à déterminer les pouvoirs qu'elle entend conférer à son mari mandataire de son affection et investi *personnellement* de sa confiance. Seulement, dans le silence des parties, c'est la communauté légale qui réunit toutes les préférences du législateur (voy. l'art. 1393), parce qu'elle est l'expression de conceptions essentiellement nationales, et qu'elle semble répondre plus particulièrement aux fins du mariage, en unissant dans une même espérance de bonne ou de mauvaise fortune, des personnes qui sont déjà liées par une commune et indissoluble existence. Or, comme le fait merveilleusement remarquer M. Demangeat (*Revue pratique*, t. XI, p. 251), « que dit la femme dont le mari est frappé d'interdiction ? Elle fait le raisonnement suivant : Je me suis mariée avec un homme dont le caractère, dont l'aptitude nous étaient connus à mes parents et à moi. C'est en raison de ce caractère, de cette aptitude, que tel régime matrimonial (le régime de la communauté, par exemple), a été adopté par nous. Si mon mari se fût trouvé dans d'autres conditions, nous eussions vu des inconvénients à l'adoption du régime de communauté, et nous en eussions adopté un autre, peut-être le régime de séparation de biens. C'est donc eu égard à la personnalité de mon mari que nous avons choisi un régime matrimonial qui lui conférait l'administration de tous mes biens. De même que si, mon premier mariage étant dissous, j'en contractais un deuxième, un régime différent serait peut-être choisi parce que mon second mari ne se présenterait pas avec les mêmes qualités d'administrateur qui distinguaient le premier, de même, si mon mari est interdit, je ne puis pas être contrainte à voir passer aux mains de son tuteur (et jusqu'à un certain point aux mains de son conseil de famille) les pouvoirs d'administrateur que j'avais bien voulu confier à lui, mais à lui seul. La femme en tenant ce langage, est évidemment dans le vrai. » Tel est précisément aussi notre humble avis. En résumé, le mandat du mari, comme gérant et administrateur de la société conjugale, est à la fois légal et conventionnel ; il impose au mari l'obligation de conserver le fonds ou le capital, tout en employant les fruits ou les revenus à subvenir aux nécessités du ménage. Ce mandat est *essentiellement personnel*, il est de plus absolument irrévocable après la célébration du mariage. Le consentement mutuel des deux époux, même formellement exprimé, ne saurait ni l'étendre ni le restreindre ; ce mandat ne peut être révoqué que par l'autorité de la justice, si l'on établit que son accomplissement, de la part du mari, devient impossible ou dangereux pour les intérêts de l'association conjugale. Mais alors la femme doit reprendre la libre gestion de son patrimoine, en vertu de l'article 2003. Aucune disposition soit expresse, soit seulement implicite du Code Napoléon ne l'oblige à subir un mandataire nouveau, autre que celui qu'elle a élu en contractant mariage, et à rentrer, quant à ses biens, sous une tutelle étrangère qu'elle n'a ni choisie, ni provoquée, ni méritée. En vain on objecte que la femme est assurée de trouver des garanties sérieuses dans le contrôle de la justice et du conseil de famille appelés à surveiller les actes du tuteur substitué au mari (art. 450, 457 et suiv). Nous répondrons, avec les principes, que la femme s'est abandonnée, quant à sa personne et quant à son patrimoine, à la discrétion de son mari, de lui seul, à titre exclusif et personnel : lorsque ce chef, reconnu par la loi et investi de pouvoirs soigneusement déterminés par le pacte social, vient à être frappé d'une irremédiable incapacité, l'association des fortunes ne peut pas continuer de subsister, sous la direction d'un tiers, contre la volonté de la femme. Soumettre celle-ci, nonobstant ses protestations formelles, à la tutelle d'un étranger, ce serait la placer, par une violation flagrante de ses droits les plus légitimes d'épouse et de mère, dans une condition de dépendance blessante pour sa dignité.

5° Et puis envisageons un peu les *conséquences pratiques* du système que nous combattons, au point de vue des intérêts de la famille, si étroitement liés à l'intérêt général de la société, cette grande famille formée par l'agglomération de toutes les associations domestiques groupées sous un même drapeau pour leur défense commune. On peut supposer que le tuteur du mari, gérant d'ailleurs d'une manière acceptable la fortune de celui-ci, administre fort mal le patrimoine de la femme que nous admettons, pour un instant, lui avoir été confié, en telle sorte qu'au *péril* né de la démence du mari, succède pour la femme un danger non moins grave résultant de l'incapacité ou de la mauvaise volonté du tuteur. Quelle ressource, *ultimum præsidium*, va rester à la femme pour empêcher la consommation de sa ruine et le succès du système de spoliation organisé contre elle? Si le tuteur du mari se rend coupable de négligence ou de fraude dans l'administration de la dot, la femme, suivant M. Demolombe, (t. VIII, n° 614), *pourra demander sa séparation de biens*. Mais alors on s'écarte, de la manière la plus irrécusable, du texte littéral de l'article 1443, qui donne l'action en séparation de biens à la femme, *vis-à-vis de son mari* exclusivement, en la fondant sur le *désordre des affaires du mari*. Étendre, comme le propose l'éminent doyen de la Faculté de droit de Caen, le remède édicté par l'article 1443 en faveur de la femme mariée, à l'hypothèse de l'administration de ses biens par un *tiers*, tuteur ou non, c'est l'appliquer à une situation que le législateur n'avait point prévue : cependant il faut nécessairement trouver un moyen efficace de protéger la femme et la solution de M. Demolombe est commandée par la raison : ceci montre clairement qu'il ne faut pas prétendre décider la question générale, qui forme l'objet de notre étude, en se bornant à une interprétation judaïque et grammaticale des articles 1443 et suivants; il est permis d'en étendre l'application, quand cela devient nécessaire pour mettre le texte d'accord avec les règles essentielles du droit, et pour satisfaire aux impérieuses exigences de la pratique. Or, une fois placé sur ce terrain, le praticien se trouve fatalement amené à admettre cette conclusion beaucoup plus large et plus féconde, qui est la nôtre, à savoir que, dès le principe, l'interdiction du mari permet à la femme (sans avoir à attendre les résultats de la gestion du tuteur nommé à l'interdit), d'obtenir sa séparation de biens, à l'effet de recouvrer, dans l'intérêt de la famille, la libre jouissance de sa fortune propre.

Un autre moyen de protection en faveur de la femme a encore été proposé par les partisans de la théorie que nous repoussons. Voulant respecter le texte littéral de l'article 1443, quelques jurisconsultes ont dit : Non, la femme ne pourra pas demander sa séparation de biens contre le tuteur de son mari interdit, parce qu'en effet l'action en séparation est une action essentiellement personnelle vis-à-vis *du mari* et exclusivement fondée sur les fautes ou les malheurs de l'administration *maritale*. Mais elle pourra *solliciter la révocation* du tuteur. Ce nouveau procédé, quelque peu sommaire, a été l'objet d'une réfutation, à notre avis, victorieuse, fournie par M. le premier avocat général de Prandière dans ses conclusions devant la Cour de Lyon, le 11 novembre 1869 (Dev. 1870, 2, 4, colonne 1, *in fine*). Le savant magistrat a très-nettement établi cette double proposition, d'abord que la femme n'a pas qualité pour provoquer directement la *destitution* du tuteur de son mari interdit, ensuite que son action, en admettant même qu'elle fût officieusement appuyée, serait entourée d'entraves et d'impossibilités pratiques de toute sorte : « Aux termes de l'article 446 du Code Napoléon, a dit M. de Prandière, c'est le conseil de famille qui doit d'abord prononcer la destitution du tuteur. Or, d'une part, la femme de l'interdit n'a pas même le droit de faire partie du conseil de famille de son mari, lorsqu'elle n'est pas tutrice (art. 442, n° 3). D'autre part, ce conseil, composé des parents et amis du mari, aura le plus souvent intérêt à soutenir les actes par lesquels le tuteur aura cherché à améliorer la fortune de l'interdit au préjudice de celle de la femme. A quoi aboutirait d'ailleurs la révocation ou la destitution du premier tuteur? A la nomination d'un second, choisi dans les mêmes conditions et sous les mêmes influences; à la continuation de cette même ingérence d'un tiers dans les affaires personnelles de la femme de l'interdit, condamnée ainsi à discuter, grâce à une extension arbitraire de la loi, les conditions de son existence matérielle et de l'entretien de son ménage, avec un homme dont les intérêts seront le plus souvent opposés aux siens. Voilà quelles seraient, pour la sécurité et la dignité de l'épouse, les conséquences du système qui ne veut pas voir dans les dangers de ruine et de dilapidation, qui seuls motivent, aux yeux de la loi, l'interdiction du mari en démence, une situation assez grave, une perturbation assez menaçante, pour autoriser, de la part de la femme, une demande en séparation de biens. »

La circonstance que la femme aurait été nommée tutrice de son mari interdit (art. 507 C. Nap.), ne serait même pas de nature à lui faire perdre le droit absolu que nous lui reconnaissons à obtenir sa séparation de biens, en raison de la démence de son conjoint. Pourtant, a-t-on dit, puisqu'elle administre, elle ne peut plus faire valoir de motifs sérieux à l'appui de sa prétention; elle est déjà placée par avance à la tête de la fortune du ménage; elle a la suprême direction des affaires. Il faut répondre que la femme a encore intérêt néanmoins à demander la séparation, afin d'éviter, quant à ses biens personnels, l'application du contrôle rigoureux organisé par les articles 420, 450, 456 et suivants du Code civil. Elle restera sans doute forcée de subir, quant à la fortune du mari, la surveillance du subrogé tuteur (art. 420-426), du conseil de famille (art. 451-467) et, dans une certaine mesure, du tribunal de première instance (art. 458, 466, etc.). Mais elle peut légitimement tenir à se placer, pour la gestion de ses biens propres et personnels, sous l'empire de l'article 1449, afin d'avoir l'indépendance la plus complète au point de vue des actes d'administration, et aussi les pouvoirs assez larges d'aliénation et de disposition que la loi reconnaît à la femme séparée de biens, en ce qui concerne son mobilier [1].

[1] La décision suivante du tribunal civil de la Seine, rapportée dans le journal *le Droit* (numéro du 28 février 1869), montre assez combien la jurispru-

Nous concluons donc en décidant que l'interdiction *judiciaire* du mari est une juste cause de demande en séparation

dence est portée à se montrer facile dans l'interprétation de l'article 1449. Les époux Thouvenel ayant été séparés de corps et de biens, le mari dut rembourser à sa femme une somme assez considérable, avec laquelle elle fit l'acquisition de quarante obligations nominatives du chemin de fer de l'Est. Quelque temps après, la dame Thouvenel voulut faire opérer la conversion de ces obligations en titres au porteur, valeurs dont la disposition déjoue toute surveillance, parce qu'elles sont susceptibles de transmission par voie de simple tradition manuelle. (Comp. notre *Essai sur la possession des meubles* et sur la *Revendication des titres au porteur perdus ou volés*, nos 60-63.) La compagnie refusa d'opérer cette conversion sans le concours du mari, prétendant qu'un acte de cette nature pouvait n'être qu'un acheminement vers une vente ou une donation ultérieure, et qu'en tout cas il excédait les pouvoirs d'administration conférés à la femme séparée de biens par l'article 1449 du Code Napoléon, puisqu'il fallait aliéner les titres pour en opérer la conversion. Saisi de cette difficulté, le tribunal civil de la Seine, dans son audience du 6 février 1869, a rendu un jugement déclarant que la femme séparée de biens n'a pas besoin de l'autorisation de son mari pour faire convertir en *obligations au porteur* les obligations nominatives dont elle est propriétaire: « Attendu que la dame Thouvenel est propriétaire de quarante obligations du chemin de fer de l'Est, rendues nominatives sur sa demande, aux termes d'un certificat qui lui a été délivré le 9 juillet 1867, indiquant les numéros desdites obligations; — Attendu que, voulant retirer ces obligations de la caisse de la compagnie, il est nécessaire de convertir son certificat nominatif en titres au porteur; — Attendu que la compagnie se refuse à opérer cette formalité sans le consentement de son mari, prétendant que la conversion de titres nominatifs en titres au porteur, constitue un véritable acte d'aliénation, pour lequel, conformément à l'article 217 du Code Napoléon, le consentement du mari ou de la justice est indispensable; — Que, si l'article 1449 du même Code permet à la femme séparée de biens d'aliéner son mobilier, ce n'est que tout autant que cette aliénation constitue elle-même un acte de bonne et sage administration; qu'on ne peut considérer comme telle la conversion demandée, qui est une transformation de titres, susceptible de permettre désormais au possesseur d'en disposer sans contrôle possible; — Attendu que la conversion de ses titres nominatifs en titres au porteur n'a d'autre effet que de faire rentrer dans les mains de la dame Thouvenel les mêmes obligations par elle déposées dans la caisse de la compagnie; — Qu'il ne s'opère donc pas alors de transmission de propriété au profit d'un bénéficiaire inconnu; — Que cela est si vrai que la conversion et l'aliénation sont deux opérations distinctes dans la pratique, et que la compagnie, qui concourt à la première, reste complétement étrangère à la seconde; — Qu'il faut donc reconnaître que la conversion ne constitue qu'un acte de libre administration, et pour lequel, dès lors, la femme séparée de biens n'a pas besoin d'autorisation; — Que la doctrine et la jurisprudence, invoquées par la compagnie, ne reçoivent point d'application dans l'espèce, puisqu'il ne s'agit pas d'aliénation du de biens pour la femme, soit que la tutelle ait été confiée à un tiers, soit que la femme elle-même ait été désignée pour remplir cet office. Comp. jugement du tribunal civil de la Seine, en date du 18 mars 1868 (D. P., 1868, 3, 23). Il ne nous reste plus qu'à résoudre la même difficulté en ce qui concerne l'interdiction *légale*.

§ 2.

L'interdiction légale du mari peut-elle motiver, de la part de la femme, une demande en séparation de biens ?

8. MM. Aubry et Rau (t. IV, § 516) répondent négativement à cette question. De même qu'ils n'admettent pas que l'interdiction *judiciaire* du mari puisse jamais donner ouverture à l'action en séparation de biens, de même aussi les savants auteurs considèrent que son interdiction légale serait impuissante à engendrer cet important résultat. Ce n'est point cependant que MM. Aubry et Rau s'attachent étroitement, par une interprétation judaïque, aux termes précis des articles 1441 et 1443 ; car à leurs yeux, nonobstant le silence de ces deux textes, l'état de *contumace* du mari semble être une cause suffisante [1] de séparation de biens, « en raison,

mobilier ; — Par ces motifs, dit que, dans les trois jours du jugement la compagnie du chemin de fer de l'Est devra opérer la conversion demandée et restituer à la dame Thouvenel ou à son mandataire les quarante obligations dont il s'agit, etc. »

[1] Tel est ausi l'avis de MM. Pont et Rodière (*Traité du contrat de mariage*, 2e édition, publiée en 1869, t. III, n° 2104) : « L'état de *contumace* du mari, disent-ils, doit aussi autoriser la femme à demander la séparation de biens. La contumace, en effet, entraîne le séquestre de tous les biens du contumax ; mais il n'est pas juste qu'elle puisse entraîner aussi le séquestre des biens de son conjoint, quoique le contumax en eût l'administration et la jouissance. C'est, en effet, dans l'intérêt de la famille entière que cette jouissance avait été conférée au mari, et ce même intérêt exige qu'elle reste à la femme, plutôt que de passer à l'administration des domaines. Il y aurait vraiment de l'inhumanité à contraindre la femme du contumax à délaisser la maison dotale où elle avait accueilli son mari, ou l'héritage qu'elle tiendrait de ses pères, pour l'obliger à mendier ensuite, auprès de l'administration des domaines, des secours qu'elles ne serait pas toujours sûre d'obtenir ni assez tôt, ni assez abondants. » (Voy. aussi MM. Dalloz *Répertoire* v°, *Contrat de mariage*, n° 1664, t. XIII). Puis, au n° 2105 de leur traité, MM. Pont et Rodière déclarent formellement que l'état d'interdiction *légale*, enlevant au mari l'administration de

tant de *l'abandon volontaire* où le mari laisse l'administration de la communauté et des biens personnels de la femme, que du préjudice qui résulterait pour celle-ci de l'établissement du séquestre. » (Comp. art. 465 et 471 C. inst. crim.). Les éminents jurisconsultes reconnaissent même volontiers que l'interdiction légale du mari prend son origine dans une faute grave, dans une infraction par lui commise. Mais cette considération ne leur paraît nullement concluante : car, ajoutent-ils (t. IV, § 516, note 17), cette faute, dont le mari s'est rendu coupable, « n'a, par elle-même, aucun rapport avec l'administration de la communauté, et, d'un autre côté, l'interdiction légale n'est pas de nature à mettre en péril la dot de la femme. D'ailleurs, si celle-ci ne veut pas accepter la situation qui lui est faite, la loi lui offre, dans les articles 231, 232 et 306, un moyen bien simple d'en sortir en provoquant la séparation de corps. » On sait, en effet, que la séparation de corps emporte toujours, par voie de conséquence, la séparation de biens, aux termes de l'article 311.

9. Ces objections ne nous semblent pas renfermer la démonstration victorieuse de la thèse qu'elles tendent à établir; nous croyons plutôt, pour notre part, que l'interdiction *légale* du mari peut et doit être regardée comme constituant, au profit de la femme, une juste cause de séparation de biens. Tous les motifs, en effet, apportés par nous à l'appui de la même solution en ce qui concerne l'interdiction judiciaire du mari, se réunissent avec plus de force encore, si nous le supposons frappé d'interdiction légale; de plus, nous aurons quelques motifs nouveaux à ajouter en faveur de notre doctrine appliquée à cette dernière hypothèse :

1° L'interdiction de l'un des associés, dans une société ordinaire, est une cause de dissolution, quelle que soit d'ailleurs la cause génératrice de cette incapacité (art. 1865, n° 4) : cette disposition est, ainsi que nous l'avons expliqué précé-

ses biens, aux termes de l'article 29 du Code pénal, doit, comme la contumace, autoriser la femme à demander en justice sa séparation de biens. Nous croyons également qu'il en doit être ainsi; en tout cas, l'identité des situations au point de vue de la nature du préjudice causé à la femme, soit par l'état de contumace, soit par l'interdiction légale du mari, nous paraît commander l'identité des solutions, et il nous est difficile de comprendre la distinction mise en avant par MM. Aubry et Rau.

demment, applicable de tout point aux associations conjugales.

2° La position de la femme subit une perturbation considérable, puisqu'au mandataire de son choix va être substitué un administrateur étranger qui peut-être lui sera hostile, ou certainement au moins indifférent, et qui n'apportera pas, dans la gestion du bien d'autrui, tout le zèle que l'on met habituellement à surveiller ses propres affaires. Le péril de la dot résulte donc ici manifestement de l'abandon nécessaire où le mari laisse l'administration de la communauté et des biens personnels de la femme.

3° Sans doute, un tuteur et un subrogé tuteur vont être nommés en vertu de l'article 29 du Code pénal; mais à quel titre ces différents personnages, investis de pouvoirs spéciaux sur le patrimoine du condamné *interdit légalement* (art. 2, loi des 31 mai-3 juin 1854), viendraient-ils s'immiscer dans la surveillance de la fortune de la femme qui, elle, est restée *integri statûs* et n'a encouru aucune peine? Il ne faut point oublier que le mandat marital est absolument personnel et incommunicable. Lorsque, par une cause quelconque, il prend fin, c'est à la femme que revient de droit le soin de pourvoir à la conservation de ses intérêts et à la gestion de sa fortune. Aucune intervention étrangère, quelque rassurante qu'elle puisse paraître d'ailleurs, n'est admise à se produire.

4° Si maintenant nous nous préoccupons de la situation particulière créée par l'état d'interdiction légale, nous allons trouver encore plusieurs raisons nouvelles à ajouter aux arguments généraux que nous venons de rappeler sommairement.

D'abord, nous observons qu'un homme ne peut être frappé d'interdiction légale qu'autant qu'il a encouru [1] une peine afflictive, notamment les travaux forcés à temps, la détention ou la reclusion (art. 29 C. pén.); dès lors, cette incapacité atteint ceux qui ont commis des attentats ou des infractions

[1] Nous supposons, bien entendu, l'hypothèse d'une condamnation contradictoire: car nous croyons très-fermement avec M. Demolombe (t. I, édition de 1869. p. 325, n° 9), que l'interdiction légale ne résulte pas des condamnations par contumace. (Comp. M. Mourlon, *Répétitions écrites*, t. I, n° 222, p. 133.)

de la nature la plus grave, ceux qui n'ont point reculé devant le crime; or un principe élémentaire, en raison et en droit, est celui d'après lequel les fautes sont et restent personnelles: si elles sont personnelles dans leur principe, elles doivent être telles aussi dans leurs conséquences : donc, l'interdiction légale du mari, qui est une peine accessoire méritée par le fait unilatéral de celui-ci, ne doit réagir, ni directement ni indirectement, contre la femme, alors que celle-ci n'a, de son côté, violé, à aucun point de vue, les prescriptions de la loi pénale.

Nous ajouterons un argument de texte qui, à nos yeux, est ici d'un grand poids : aux termes des articles 306 et 232 combinés, la femme placée en présence de son mari que l'interdiction légale, suite d'une condamnation judiciaire, vient d'atteindre, pourrait demander et obtenir sa séparation de corps, ce qui la placerait de plein droit (art. 311), quant à son patrimoine propre, sous le régime de la séparation de biens : or *qui peut le plus, peut*, à plus forte raison, *le moins;* c'est là un axiome de bon sens autant qu'un principe de législation; donc la femme, qui ne veut pas aller jusqu'à solliciter sa séparation de corps, doit être admise à obtenir au moins une séparation de biens directe et principale, de nature à lui créer une situation indépendante et digne.

Ce résultat, d'ailleurs, n'est-il pas singulièrement désirable au point de vue de l'intérêt des familles et de la société tout entière? Voilà une femme qui, obéissant aux inspirations du dévouement et, peut-être (nul ne saurait sonder les abîmes de l'âme humaine), à un reste d'affection que les écarts de son conjoint n'ont pas réussi à éteindre; voilà, disons-nous, une femme qui renonce à se prévaloir de la disposition favorable consacrée par les articles 231, 232 et 306 du Code Napoléon. Elle voit la solidarité de considération et d'honneur qui l'unissait à son mari désormais rompue; mais elle veut se faire la consolatrice du malheur, pour pouvoir plus facilement ramener dans la route de l'honnêteté un homme un instant égaré par l'esprit de vertige qui, à certaines heures, vient parfois éprouver les existences jusque-là les plus justement honorées. N'a-t-on pas vu des femmes, poussant l'abnégation jusqu'à l'héroïsme, vendre leurs biens et solliciter la faveur de suivre à Cayenne leurs maris déportés ? Eh bien ! en pareille circonstance, serait-il rationnel, serait-il humain, d'imposer à la femme la nécessité de recourir malgré elle à la séparation de corps, lorsqu'elle réclame uniquement la faveur de la séparation de biens ?

Et puis, n'avons-nous pas constaté l'accord à peu près unanime avec lequel la plupart des auteurs considèrent la *contumace* comme une cause suffisante de séparation de biens, dans les termes des articles 1443 et suivants, à raison du préjudice que causerait à la femme l'établissement du séquestre ? Or, est-ce que l'interdiction légale ne cause pas, elle aussi, un dommage considérable à la femme ? Est-ce qu'elle n'est pas de nature, par le fonctionnement nécessaire des rouages de la tutelle et par l'ingérence arbitraire d'un étranger, à apporter à cette femme à la fois une gêne véritable au point de vue de ses intérêts matériels et le froissement le plus naturel de ses légitimes susceptibilités d'épouse et de mère ?

Nous persistons donc dans nos premières affirmations et nous terminons cette étude en posant le principe général que voici : toutes les fois que le chef de l'association conjugale est frappé d'une incapacité personnelle absolue, soit à raison de l'ébranlement de ses facultés intellectuelles (c'est l'hypothèse de l'interdiction *judiciaire*), soit à raison de son indignité et de ses fautes (c'est l'hypothèse de l'interdiction *légale*), il y a lieu pour la femme de pouvoir demander et obtenir sa séparation de biens, par application des articles 1443 et suivants.

FIN.

203. — Paris. — Imprimerie Cusset et Cᵉ, 26, rue Racine.

AUTRES OUVRAGES DU MÊME AUTEUR.

Des caractères distinctifs des associations commerciales en participation. (Mémoire qui a obtenu, devant la Faculté de droit de Caen, la première médaille d'or au concours de doctorat, 1862-1863).

Essai sur la Possession des meubles et sur la Revendication des titres au porteur perdus ou volés.

Considérations générales sur l'acquisition ou la libération par l'effet du temps.

---

203. — Paris. — Imprimerie Cusset et Ce, 26, rue Racine.

8

www.ingramcontent.com/pod-product-compliance
Ingram Content Group UK Ltd.
Pitfield, Milton Keynes, MK11 3LW, UK
UKHW022002260726
13994UKWH00004B/1908

9 782329 046822